Lk⁷ 77 (Jean-de-Dieu-Raymond de Boisgelin.)

MÉMOIRE

EN RÉPONSE A LA DEMANDE

DES DÉPUTÉS DE MARSEILLE,

Concernant la division des Départemens de Provence.

PAR M. L'ARCHEVÊQUE D'AIX,
Député de la Sénéchauffée d'Aix.

A PARIS,
DE L'IMPRIMERIE NATIONALE.

1790.

À PARIS,
DE L'IMPRIMERIE NATIONALE.
1790.

MÉMOIRE

EN RÉPONSE A LA DEMANDE DES DÉPUTÉS DE MARSEILLE,

Concernant la division des Départemens en Provence.

PAR M. L'ARCHEVÊQUE D'AIX, Député de la Sénéchaussée d'Aix.

LE Comité de Constitution avoit tracé un plan de division de la Provence en trois Départemens.

Un de ces Départemens contenoit les Vigueries d'Aix, Apt & Tarascon, les terres adjacentes d'Arles, les Baux & Salon, & la ville & le territoire de Marseille.

Un autre étoit composé des Vigueries de Saint-Paul, Grasse, Draguignan, Toulon, Brignoles, Aups, Lorgues, Barjols & Saint-Maximin.

Ces deux Départemens renfermoient toute la basse Provence, & partageoient la côte maritime; l'un à l'ouest, depuis les embouchures du Rhône jusqu'à Marseille; & l'autre à l'est, depuis Marseille jusqu'à la rivière du Var,

Un troisième Département étoit celui du nord ou de la haute Provence, contenant les Vigueries de Forcalquier, Sisteron, Digne, Moustiers, Castellanne, Annot, Colmars, Seyne, Vallée de Barcelonnette, Communauté de Sault, & Val de Barreme.

Les Députés de Provence furent convoqués pour donner leur avis sur l'établissement & la division des Départemens.

Les Députés de la Sénéchaussée d'Aix avoient voté pour un seul Département.

Plusieurs Députés votèrent pour deux Départemens; la division en trois Départemens fut admise à la pluralité des voix.

Les Députés de Marseille avoient demandé l'établissement d'un seul Département pour Marseille & son territoire; la décision de l'Assemblée Nationale n'a point été conforme à leurs desirs. Au défaut d'un Département particulier, les Députés de Marseille ont demandé que Marseille fût placée dans le Département de l'est, & non dans celui de l'ouest : ils ont proposé de former un Département des Vigueries de Toulon, Hières, Brignoles, Barjols, Saint-Maximin, & de Marseille & son territoire; & de réunir les Vigueries de Grasse, Draguignan,

& Lorgues au Département du nord ou de la haute Provence.

Les Vigueries de Graffe & de Draguignan font féparées du Département de la haute Provence par des montagnes inacceffibles ; il n'y a point de chemins ouverts ; il feroit très-difficile & très-coûteux d'y faire des chemins.

La pente de la haute Provence eft versée vers les Vigueries d'Apt & d'Aix ; la ville ou la Viguerie d'Aix eft le paffage, le centre & le lien néceffaire de toutes les parties de la Provence.

Les Députés de Marfeille penfent que le Département du nord recevroit, par fa réunion avec Graffe & Draguignan, un furcroît de population, de commerce & de richeffe territoriale, qui balanceroit la difproportion qu'il éprouve dans le plan de divifion du Comité.

Les productions font différentes par la nature du climat ; les relations font impoffibles par la difpofition des lieux.

On ne peut pas oublier les différences & les diftances que la nature a marquées par des effets fenfibles & par des obftacles infurmontables.

L'adminiftration n'établit pas des rapports que la fituation des lieux ne comporte point.

Le Commerce de la haute Provence suivra toujours la pente de ses montagnes vers la plaine d'Aix, Tarascon & Marseille.

Celui de Grasse & Draguignan aura toujours le même cours vers les côtes maritimes & vers Marseille, & ne remontera vers la haute Provence, que par les relations de commerce des Vigueries de Barjols, de Saint-Maximin & d'Aix.

L'administration d'un Département ne rend communs que les impôts établis pour les charges d'utilité publique, nationale ou provinciale; & les impôts ne pourroient être transmis qu'avec peine & par de longs détours, de Draguignan à Digne, ou de Digne à Draguignan.

La Viguerie de Draguignan se trouveroit placée à l'extrémité de ce nouveau Département, & perdroit tous les avantages que peut lui donner sa situation dans le Département tracé par le Comité de Constitution.

Les Députés de Marseille ont senti ces raisons; ils ont paru renoncer au projet de réunion de Grasse & de Draguignan avec la montagne; ils ont proposé la réunion de Marseille avec le Département de l'est, quelles qu'en soient l'étendue & les bornes.

Les Députés de Marseille repréfentent que la divifion qu'ils propofent eft mieux proportionnée aux bafes de divifion, établies par l'Affemblée Nationale.

Ces bases sont celles de l'étendue territoriale, des contributions & de la population.

Il faut obferver que le Département de l'oueft, tel qu'il avoit été tracé par le Comité de Conftitution, ne comprenoit point la Viguerie d'Apt; c'eft par des convenances particulières qu'on l'a féparée de celui de la haute Provence.

On fent bien que le Département de l'oueft renoncera plutôt à l'acceffion de la Viguerie d'Apt qu'à celle de Marfeille.

Telles font les proportions des deux Départemens dans le plan du Comité des Finances.

Le Département de l'oueft eft de 40,824 toifes dans fa plus grande longueur, & de 34,992 toifes dans fa plus grande largeur.

Celui de l'eft eft de 55,404 toifes de longueur, fur 40,824 de largeur.

Le Département de l'oueft, tel qu'il avoit été propofé, compte environ 1190 feux, fans y comprendre Marfeille.

Le Département de l'eft 1160 feux.

Les feux font la mefure de la valeur des biens & des contributions.

La différence n'est pas sensible, & il est possible que, dans un nouvel affouagement, l'accroissement du commerce sur les côtes maritimes, le plus grand débit des vins & la nouvelle contribution des privilégiés, rapprochent la proportion des deux Départemens.

On ne peut énoncer, par rapport à la population, que des évaluations probables, au défaut d'un dénombrement; & c'est encore une observation à faire, que la haute Provence s'est dépeuplée, & que la population, en approchant des côtes maritimes, est sensiblement augmentée.

On croit pouvoir assurer, sans crainte d'une erreur sensible, que ces deux Départemens, Marseille excepté, sont à-peu-près égaux dans le rapport de la population comme dans celui des contributions.

Leur véritable différence est celle du territoire.

On augmenteroit d'un côté, par l'accession de Marseille, le Département le plus étendu.

On diminueroit de l'autre, par la séparation de Marseille, le territoire le plus borné.

Il faut dire la vérité, de quelque côté que Marseille soit placée, il faut qu'elle dérange la proportion respective des deux Départemens ;

elle ne peut pas se partager elle-même, il est d'une inévitable nécessité qu'elle rende plus considérable, sans aucune proportion, le Département auquel elle doit être unie.

Ainsi la question reste entière ; l'inégalité des deux Départemens n'est que l'effet même de la réunion de Marseille, & ne peut pas être un principe de décision.

Les Députés de Marseille exposent l'avantage de réunir l'administration de Marseille à celle des villes maritimes dont le régime & les intérêts peuvent plus aisément se concilier avec son administration.

C'est cependant entre les villes maritimes, entre les commerçans de ces villes, entre leurs entreprises & leurs spéculations différentes, que la concurrence peut exciter quelque discussion. On pourroit craindre que dans le même Département, les demandes ou les plaintes des villes maritimes les plus foibles, ne pussent pas l'emporter sur les prétentions des grandes villes.

C'est parce que leurs intérêts sont semblables, qu'elles sont en concurrence. Des villes, foibles par elles-mêmes, peuvent emprunter la force de leur Département ; il femble qu'elles perdent leur propre force quand elles ont à fupporter dans leur Département la prépondérance d'une ville confidérable.

Mais Marfeille ne veut point faire d'injuftices & n'en a point à craindre dans un Département plutôt que dans un autre ?

Il n'y aura point de rivalité de commerce entre Marfeille & les Communautés du Département d'Aix.

Quel feroit l'objet de ces injuftices ?

Le commerce ne dépend point de l'adminiftration d'un Département.

Le commerce doit être libre.

Voilà le premier principe de tout Département. Si des commerçans veulent avoir des priviléges, l'adminiftration d'un Département, quel qu'il foit, peut & doit les contredire. Les priviléges qui font le bien de quelques commerçans, ne font pas le bien du commerce.

Le commerce eft fait pour favorifer le tranfport & le débit des productions nationales ; &, fous ce rapport, il n'a rien à craindre des principes qui doivent diriger l'adminiftration des propriétés territoriales.

Le commerce eft fait pour favorifer l'importation des denrées étrangères. Ces denrées peuvent être foumifes à des droits par des vues d'Adminiftration générale. Ces droits peuvent être établis par les Affembléés Nationales, & ne doivent point l'être par des Affemblées de Département ; &, fous ce rapport, l'Adminiftration d'un Département ne peut porter encore aucun préjudice au commerce.

Quel feroit l'objet des injuftices que Marfeille auroit a craindre?

Seroit-ce un partage inégal & difproportionné des charges de Marfeille & du Département?

Quel que foit le Département auquel elle doit être unie, elle aura les mêmes intérêts à réclamer.

Il y aura des charges communes qui doivent être impofées par le Département.

Il y aura des charges particulières qui doivent être impofées par la Municipalité.

L'Affemblée Nationale établira les principes qui doivent décider des charges provinciales ou municipales. Il ne reftera qu'à les exécuter.

Enfin, fi Marfeille, la plus puiffante des villes dans un Département comme dans un autre, avoit des plaintes à former, elle ne craindroit pas de les adreffer à l'Affemblée Nationale, & Marfeille feroit bien fure d'être entendue.

Il n'eft pas vraisemblable que ce foient-là les

véritables raisons de la demande des Députés de Marseille.

Les Députés de Marseille n'ont d'autre motif que d'établir à Marseille le chef-lieu du Département.

Ainsi les Députés supposent que Marseille seroit le chef-lieu du Département de l'est. Cependant elle en seroit exclue, par les mêmes raisons, dans un Département comme dans l'autre.

Quelles sont ces raisons ? les voici :

On dit que Marseille doit être chef de Département à cause de sa grande population.

Sa population est moindre que celle du reste de chacun des deux Départemens de l'est ou de l'ouest.

Deux cent mille habitans, répandus dans le Département de l'est, concourent avec les habitans de Marseille, & ont le droit de demander un centre mitoyen dont chaque habitant soit rapproché dans une juste proportion.

Il faudroit rapprocher le centre & le chef-lieu dans le département de l'est comme dans celui de l'ouest.

Marseille seroit également placée à l'extrémité des deux Départemens, & elle ne doit pas s'en plaindre. Ce sont les avantages immenses de son heureuse position sur les bords de la mer, qui lui font perdre le foible avantage de devenir le chef-lieu d'un département.

Ce seroit un foible avantage pour elle d'être le chef-lieu d'un Déparrement; elle n'en a pas besoin. C'est le bien le plus sensible pour Aix, & pour toute autre ville de Provence.

Marseille est tout par elle-même. Le plus beau des Départemens est celui de son Port & de sa Municipalité.

Son Département s'appuie d'un côté à Cadix, & de-là s'étend jusqu'à l'Amérique; il embrasse de l'autre les côtes de l'Italie & de l'Afrique; il domine sur les échelles du Levant, & son centre est à Smyrne & à Constantinople.

Voilà le Département dont elle est le chef-lieu depuis deux mille ans, & cette heureuse Administration, confiée à toutes les générations de ses concitoyens, s'est maintenue avec une égale prospérité parmi les variations de tous les Empires. Marseille est tout par elle-même, & ne peut pas envier à des villes sans richesses & sans puissance les ressources bornées d'un centre de Département.

Marseille oppose, par ses richesses mêmes, un obstacle sensible à l'établissement de l'Administration.

Les denrées y sont à plus haut prix qu'en aucun autre lieu de la Province. La grande consommation en est la cause. Il n'est pas bon pour des Députés qui ne partagent point les richesses de Marseille, de se transporter dans le lieu de la plus grande dépense; il n'est pas bon pour un Département d'augmenter les honoraires des Députés.

Si Marseille est chef de Département, dans le Département de l'ouest, la ville d'Aix est ruinée sans ressource. Elle n'a d'autre ressource que celle des Tribunaux & des Corps d'Administration & des Etrangers attirés par les places & par les affaires. La ville d'Aix est ruinée, & Marseille absorbe, sans s'en appercevoir, un foible accroissement de consommation, comme la mer reçoit un fleuve dans son sein, sans en distinguer les eaux & sans en conserver la trace.

Si Marseille est centre de Département dans celui de l'est, elle ravit également sans intérêt ce qui feroit la prospérité d'une autre ville, & il faut, dans tous les cas, déranger la juste proportion des distances pour procurer à Marseille un honneur dont elle n'a pas besoin.

Il faut enfin considérer que le commerce par terre

du Languedoc, du Dauphiné, du Lyonnois, de la Bourgogne & de toutes les parties du Nord de la France avec Marseille, se fait par les routes & chemins des Vigueries de Tarascon & d'Aix, depuis Avignon jusqu'à Marseille, que ce commerce est immense, qu'il n'y a pas de comparaison entre les transports par terre dans le Département de l'ouest & de l'est, & que ce commerce fait une partie considérable des richesses & de la prospérité de Marseille.

C'est sous ce rapport que les intérêts de l'Administration, dans le Département de l'ouest, s'unissent & se confondent avec tous les intérêts de Marseille ; & telle est leur correspondance & leur union, qu'on ne peut pas comprendre quelles pourroient être les raisons qui mettroient en opposition le véritable intérêt du commerce de Marseille, & celui des propriétés territoriales dont ce commerce favorise sans cesse les améliorations & les progrès.

On a dit que les dépenses locales des villes maritimes avoient plus de rapports entr'elles. Il ne s'agit pas, sans doute, de celles que chaque ville doit faire dans le sein de sa propre Administration, & quelle est, dans les villes moins considérables telles que Cassis & Lacioutat, la dépense d'utilité publique qui puisse être d'une aussi grande importance pour Marseille, que celle des routes & des grands chemins, par lesquels s'entretient la communication de Marseille avec la France entière.

Il n'y a donc point de raison pour changer la division des Départemens établis par le Comité de Constitution. Le vœu des Députés de Marseille forme sans doute une autorité respectable. Une ville de cent mille habitans a des droits sur l'attention de l'Assemblée Nationale. Mais la voix de tous les Députés de la Province représente le vœu de six cent mille habitans, & leur suffrage unanime semble devoir justifier l'ouvrage du Comité de Constitution, & le mettre à l'abri des changemens.

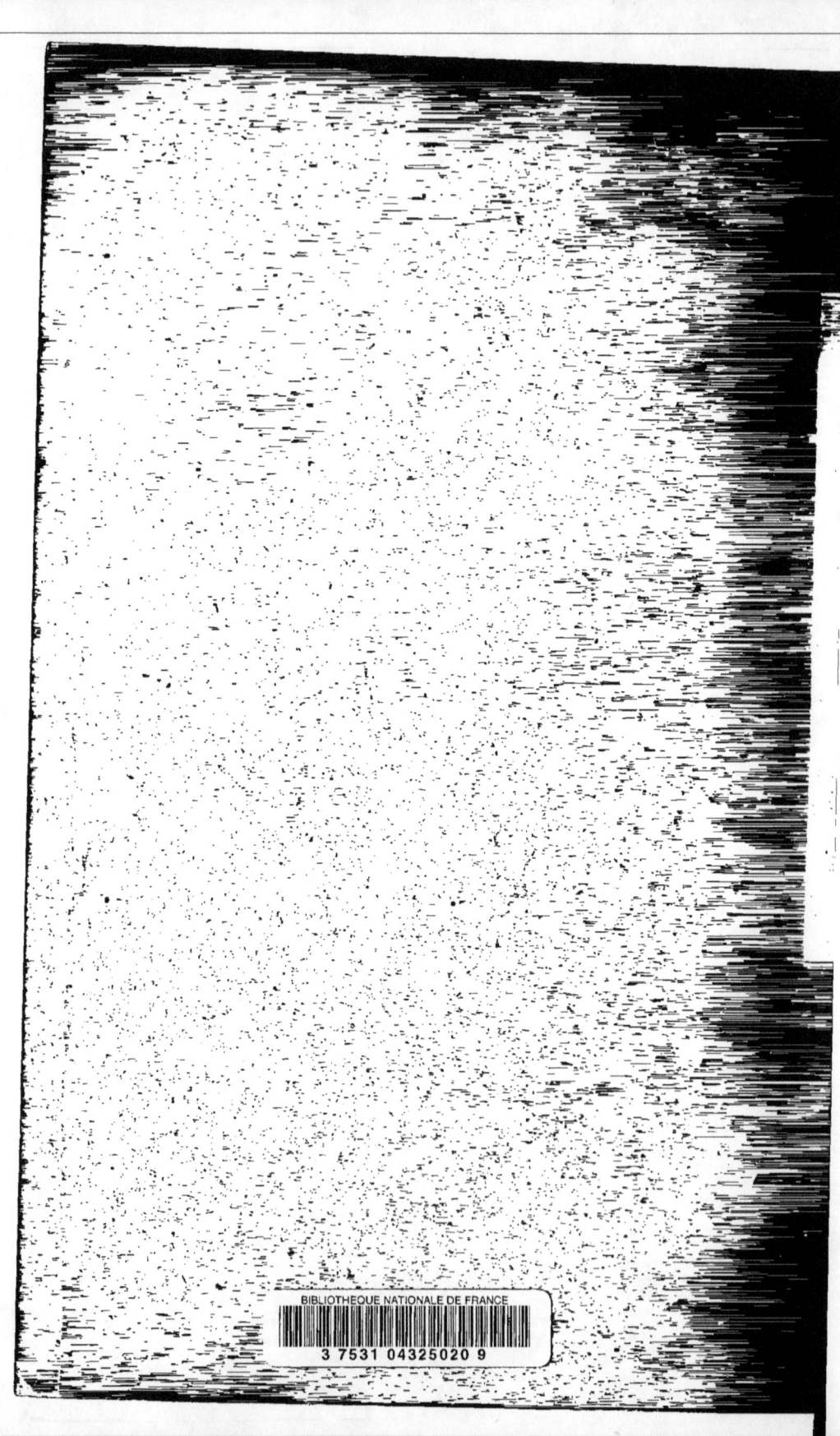

www.ingramcontent.com/pod-product-compliance
Lightning Source LLC
Chambersburg PA
CBHW070545050426

4241CB00013B/3191